冷蔵庫仕込みでじっくり発酵。

カンパーニュ
Campagne

ムラヨシマサユキ

はじめに

カンパーニュとは、
正式には「パン・ド・カンパーニュ」と言われる、
フランス発祥の切り分けて食べる大きな食事パンです。
由来は色々ありますが、
首都パリの人たちが、田舎を、故郷を、自然を想い、
作ったとも言われています。
—ライ麦粉を入れる。
—精製度の低い小麦粉を入れる。
—ルヴァンと言われる発酵種を入れる。
など、昔からの定義はあるようですが、
作る国、地域、そして作り手によって、
様々な配合や、作り方、焼き方にアレンジされ、
日本では、ある程度の生地量を発酵カゴに入れて
作ったパンを「カンパーニュ」と呼んでいることもあり、
定義はあるようで、あまりない、
作り手にとって自由なパンのひとつです。

僕が初めて「カンパーニュ」と出会ったのは、
上京してきた頃でした。
初めは、太っちょなフランスパンと思っていました。
でも、食べてみると、その滋味深い味はそれとは違って、
白米でなく、玄米や麦ごはんの印象と似て、好みの味でした。
ほどなくして、家でパンを作るようになってから、
自分なりのカンパーニュを焼くようになりました。

それは、少ない材料で、ささっと生地を作り、
季節の気温で左右されてしまう難しい発酵も
冷蔵庫に任せ、ゆっくり時間をかけて
手間なく美味しく、生地をじっくり熟成させる、
毎日の生活の中で無理なく焼ける作り方。
バタートーストにしても、サンドイッチにしても、
はちみつをかけて甘いおやつにしても、夕食に添えても。
噛み締めると、じんわり美味しくて
いつ食べても飽きないシンプルな味を目指しました。

僕のカンパーニュの日々をご紹介します。

ムラヨシマサユキ

冷蔵庫仕込みとは

美味しいカンパーニュの特徴は、生地の中に生まれる大小の気泡。
普通に粉からこねてストレートに発酵させて作ると、
気泡がなかなか勢いよく縦に伸びず、
細かい目の詰まった生地になりやすくなります。
それはそれで、パンとしては美味しいのですが、
少ない材料で作る食事パンとして楽しむものなのに、
粉の香りや、発酵から生まれる深い香りがほとんどありません。
それを解決するのが、
― 粉と水分をよく水和させること。
― じっくり発酵させること。
にあります。

水和とは、粉の粒子ひと粒ひと粒の芯まで
水が染み込んでひらくこと。
水和した粉は、オーブンで焼かれると、
よく伸びる生地になり、旨みや粉本来の香りも生きています。
また日にちが経っても、生地はしっとりした食感を保ちます。
次に、じっくり発酵させるとはどういうことか。
それはおのずと加えるイーストや酵母の量が少なくなり、
発酵温度を低くすることになるので、
嫌なアルコール臭が発生せず、気泡は深い香りを持って発酵し、
より日持ちするパンに焼き上がります。

本書では、あらかじめ、粉にたっぷりの水を水和させ、
じっくり冷蔵庫で発酵させた"ポーリッシュ種"という発酵生地を
本生地に混ぜて生地にした作り方を紹介します。
少ないイースト量でも安定した発酵力が得られ、
ご家庭でも美味しいカンパーニュを焼き上げることができます。
また、一次発酵も冷蔵庫に。
6〜12時間入れっぱなしにするだけで
面倒な温度管理もいらず、じっくり発酵できるので、
ピークタイムが長くなり、1〜2時間作業が遅れても、失敗いらず。
夜に仕込んで冷蔵庫に入れておき、朝に焼いたり、
自分の都合に合わせ、美味しいカンパーニュを焼くことができます。

Contents

材料 …………………………… 50
道具 …………………………… 51
ポーリッシュ種の作り方 ……… 54

Campagne
カンパーニュのレシピ

基本のカンパーニュ ………………… 8／56
全粒粉のカンパーニュ ……………… 10／60
プレーンのカンパーニュ …………… 12／61
プレーンのカンパーニュ(食パン型で焼く) … 13／63
そば粉のカンパーニュ ……………… 16／64
ライ麦のカンパーニュ ……………… 18／66
ライ麦ヨーグルトのカンパーニュ …… 20／67
マルチシリアルのカンパーニュ ……… 22／70
くるみのカンパーニュ ……………… 24／71
レーズンのカンパーニュ …………… 28／72
ターメリックのカンパーニュ ………… 30／73
クランベリーとカルダモンの
プティカンパーニュ ………………… 32／74
チョコレートのプティカンパーニュ … 34／76
栗とベリーのプティカンパーニュ …… 36／77
桜とうぐいす豆のプティカンパーニュ … 37／78
干し柿のカンパーニュ ……………… 38／80
カモマイルとグリーンレーズンの
カンパーニュ ………………………… 40／81
胡麻と柚子のカンパーニュ ………… 42／82
ドライトマトとハーブのカンパーニュ … 44／83
チーズとハラペーニョのカンパーニュ … 46／84

Dishes
カンパーニュと楽しむ料理

カリフラワーのポタージュ ………… 17／92
ハムとカッテージチーズのサンドイッチ … 19／92
フレンチトースト …………………… 21／92
キウイとアボカドのオープンサンド … 23／93
ミネストローネ ……………………… 25／93
ケールとナッツのサラダ …………… 29／94
ケイジャンチキンのサンドイッチ …… 31／94
セビーチェ …………………………… 41／94
大きな肉団子の白菜スープ ………… 43／95
アサリの白ワイン蒸し ……………… 47／95

Column

鍋で焼く"高加水カンパーニュ" ……… 68
まずは焼いてみたい人のために
ストレートで焼く"カンパーニュ" …… 86
色々な粉で焼く"カンパーニュ" ……… 88
クープの入れ方＆アレンジ ………… 90

カンパーニュを焼く前に

- 本書の室温発酵の温度は、日本の年間平均室温20〜27℃を想定しています。季節によって、またお使いの空調機の間近では、その温度外になることがあります。
- 本書の冷蔵発酵の温度は、3〜8℃を想定しています。ご家庭の設定によっては、冷蔵室の奥の温度が0℃近くになっていることがありますので、お使いの冷蔵庫でご調整ください。また冷蔵庫の野菜室(4〜8℃平均)などでも冷蔵発酵が可能です。
- 本書で紹介しているカンパーニュは、家庭用オーブンで一度に作りやすい分量になっています。
- オーブンは使う前に、しっかり予熱してから焼いてください。
- 本書で紹介しているカンパーニュは、家庭用オーブンで焼成する際の温度、時間を紹介しています。オーブンの機種や性能により、差があります。焼き上がりは本書の写真を参考にし、記載されている時間で焼けるように温度を調整してください。

料理を作る前に

- 小さじ1は5ml、大さじ1は15ml、1カップは200mlです。
- ごく少量の調味料の分量は「少々」で、親指と人差し指でつまんだ分量になります。
- 「適量」はちょうどよい分量になります。

基本のカンパーニュ
→ recipe p.56

全粒粉のカンパーニュ
→ recipe p.60

プレーンのカンパーニュ
→ recipe p.61

プレーンのカンパーニュ
(食パン型で焼く)
→ recipe p.63

そば粉のカンパーニュ
→ recipe p.64

[カリフラワーのポタージュ]
→ recipe p.92

ライ麦のカンパーニュ
→ recipe p.66

［ハムとカッテージチーズのサンドイッチ］
→ recipe p.92

ライ麦ヨーグルトのカンパーニュ
→ recipe p.67

[フレンチトースト]
→ recipe p.92

マルチシリアルのカンパーニュ
→ recipe p.70

［キウイとアボカドのオープンサンド］
→ recipe p.93

くるみのカンパーニュ
→ recipe p.71

[ミネストローネ]
→ recipe p.93

レーズンのカンパーニュ
→ recipe p.72

[ケールとナッツのサラダ]
→ recipe p.94

ターメリックのカンパーニュ
→ recipe p.73

［ケイジャンチキンのサンドイッチ］
→ recipe p.94

クランベリーとカルダモンのプティカンパーニュ
→ recipe p.74

チョコレートのプティカンパーニュ
→ recipe p.76

栗とベリーのプティカンパーニュ
→ recipe p.77

桜とうぐいす豆のプティカンパーニュ
→ recipe p.78

干し柿のカンパーニュ
→ recipe p.80

カモマイルとグリーンレーズンの
カンパーニュ
→ recipe p.81

［セビーチェ］
→ recipe p.94

胡麻と柚子のカンパーニュ
→ recipe p.82

［大きな肉団子の白菜スープ］
→ recipe p.95

ドライトマトとハーブのカンパーニュ
→ recipe p.83

チーズとハラペーニョのカンパーニュ
→ recipe p.84

［アサリの白ワイン蒸し］
→ recipe p.95

Campagne
カンパーニュのレシピ

材料

（1）強力粉
カンパーニュは一般的に準強力粉を使います。しかし、ご家庭では使うことが少ないため、本書では強力粉で代用したレシピを紹介しています。選ぶ際は、タンパク質含有量の少ないものが、ハード系のパン、カンパーニュには向いています。手に入りやすい国産の粉では、キタノカオリ、ミナミノカオリなどがおすすめです。ちなみにキタノカオリは旨みのあるカンパーニュに、ミナミノカオリは香ばしさと香りを楽しめるカンパーニュに焼き上がります。

（2）ライ麦粉
麦の旨みを楽しむカンパーニュに欠かせないライ麦粉。選ぶ際は、吸水に時間がかからない細挽きのものを使ってください。また傷みやすいので、開封後は冷蔵庫に入れて保管しましょう。

（3）全粒粉
製パン用のものを使います。使用量は少量なので、小さめの袋を買い、開封後はライ麦粉同様、冷蔵庫で保管してください。

（4）イースト・塩・水
イーストはインスタントドライイースト、塩は旨みのある海水で製造された自然塩を使います。水はミネラル分の少ない、常温の水道水が向いています。

道具

(1) ボウル
直径20cm程度のものが使いやすいです。

(2) ボウル蓋
ポーリッシュ種を冷蔵庫で発酵させる際に被せます。ラップで代用してもよいです。

(3) 発酵カゴ
バヌトンとも言います。本書では、直径16cm前後の丸型、長さ20cmのオーバル型の2種類を使っています。お持ちでない場合は、ザルにクロスを敷いたもので、代用しても。

(4) オーブン用手袋
ミトンよりも指先が動きます。ヤケドの心配もなく、作業しやすいのが特徴。厚手の軍手を2枚重ねて代用も可能です。

(5) 竹串
発酵した生地の気泡を潰すときに、あると便利です。

(6) クープナイフ
カンパーニュにクープ(切り目)を入れる際に使います。切れ味のよいものを使うと、きれいなクープになります。

(7) カード
生地をすくったり、まとめたり、カットする作業で使用します。

(8) 茶漉し
打ち粉をふるときに使います。

(9) 鍋蓋
発酵カゴから生地を取り出す際にあると便利です。オーブン用シート、鍋蓋の順にボウルにのせてひっくり返せば、そのままオーブンの天板に移すことができます。

(10) 保存容器
ポーリッシュ種や、生地を入れて発酵させます。本書では、15cm四方、高さ8cm程度の1100ml容量のサイズを使っています。プラスチック製で、底面も上面と同じ大きさで、底面が平らなものが使い勝手がよいです。

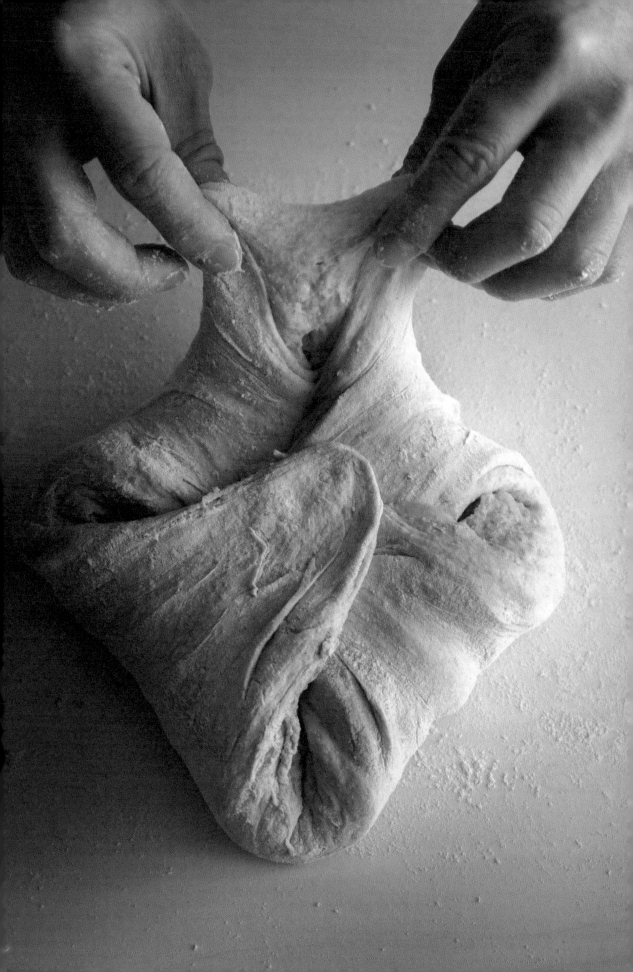

ポーリッシュ種の作り方

ポーリッシュ種とは、使用する粉の一部に
あらかじめイーストと多めの水を加え、水和を進行、発酵させた生地です。
それを本生地に加えることで、粉本来の味わいや発酵の深い香りを醸し出し、
ストレート法では引き出しにくい味わいを、簡易に補えます。
また、あらかじめ発酵している生地を取り込むので、
より安定し、扱いやすい発酵工程を得られます。

材料（基本のカンパーニュ・約3個分）

強力粉 … 300g
水 … 300g
塩 … 5g
イースト … 1g

作り方

❶ ボウルに塩と水を入れ、塩が溶けるまで泡立て器でよく混ぜ続ける。

❷ 強力粉とイーストを加え、木ベラに持ち替えて粉気がなくなるまで混ぜ合わせる。

❸ 表面が乾かないようにボウルにラップか、ボウル蓋を被せ、室温で90〜120分以上置く A。

❹ 生地が膨らみ、表面全体にプツプツと気泡がたくさん出てくるくらいまで、発酵させる B。

❺ 保存容器に移し C、蓋をして冷蔵庫に入れて3〜6時間以上置き、十分に水和、発酵させてから使用する D。

保存期間

冷蔵庫内でも発酵が進むため、種としての効力が少しずつ薄まっていきますが、3〜4日まで使用可能。

基本のカンパーニュ

強力粉、ライ麦粉、全粒粉の基本的な配合の生地です。
口に入れたときの香ばしさ、もっちりとした食感、
噛み締めるごとに粉の旨みを感じられます。
ライ麦と全粒粉の割合を1:1にして、香ばしさを楽しんでも。

材料（丸型発酵カゴ・1個分）

強力粉 … 150g
ライ麦粉 … 30g
全粒粉 … 20g
ポーリッシュ種 … 200g
イースト … 1g
塩 … 4g
はちみつ … 3g
水 … 110〜125g
打ち粉 … 適量

作り方

ミキシング

❶ ボウルに塩、はちみつ、水を入れ、塩が溶けるまで泡立て器でよく混ぜ続ける A 。

❷ 強力粉、ライ麦粉、全粒粉、ポーリッシュ種、イーストを加え、木ベラに持ち替えて粉気がなくなるまで混ぜ合わせる B C 。

オートリーズ

❸ 生地がまとまったら、表面が乾かないようにボウルにラップか、ボウル蓋を被せ、室温に30分ほど置いてオートリーズさせる。

生地をこねる

❹ 手水を用意して手を濡らし、生地の外周の端を引っ張り上げ、折りたたむ。これを2〜3周(20〜30回程度)して A B 、再度ボウルにラップか、ボウル蓋を被せ、室温でそのまま30分ほど生地を休ませる。

一次発酵

❺ 生地に打ち粉をふり A 、表面を下にして台に取り出す。生地を広げ B 、左右、上下に1回ずつ折りたたむ C D E 。

❻ たたんだ生地をひっくり返して保存容器に入れ F 、蓋をする。そのまま室温に30分ほど置いて予備発酵させ、冷蔵庫に入れて10〜12時間かけて生地が2倍の大きさになるまで一次発酵させる。

オートリーズとは

あらかじめ粉類と水分を混ぜ合わせ、そのまま30分ほど置き、粉類に十分に給水させる方法。オートリーズをさせない生地より、させた生地のほうが、生地が扱いやすく、こね作業が楽になるということ。生地は木ベラで混ぜただけでもグルテンが発生し始め、オートリーズ後は多少のコシが出て、扱いやすいということ。同時にオートリーズ中も発酵は始まっている。

発酵の目安

本書でおすすめする保存容器(p.51)だと、蓋の高さまでがちょうど一次発酵終了の目安となり、目視でも分かりやすい。

発酵前　　発酵後

成形

⓻ 生地の一次発酵が終わったら A、発酵カゴと生地の表面に打ち粉を多めにふる B C。

⓼ 保存容器の側面と生地の間にカードを差し込んで1周して生地をはがし D、保存容器ごとひっくり返し、台に生地をやさしく落とす E。

⓽ 手に打ち粉をふり、生地の下に手を入れ、やさしくひと回りほど生地を広げる F。

⓾ "生地の端を両手でやさしく引っ張り上げ、中央に折りたたむ"を2周し G H、ひっくり返す。

> **生地の出し方**
>
> 生地はかき出さず、生地自身の重みで台にゆっくり落ちてくるのを待つこと。無理に取り出すと、気泡が潰れてしまう。また、気泡の中に閉じこめられている熟成した発酵の香りもすべて抜けていってしまう。

二次発酵

⑪ 手に打ち粉をふり、生地の表面を少々張らせ A、準備した発酵カゴに閉じ目を上にして入れる B。

⑫ 生地の閉じ目をしっかり摘んで閉じ C D、濡れ布巾をふんわりかけ E、室温でそのまま50〜60分二次発酵させる。

→焼くタイミングに合わせ、オーブンを250℃に予熱する。

> **オーブンで二次発酵する場合**
> 電子オーブンレンジ機能の発酵モード（30℃）を20〜30分利用してもよい。ただし二次発酵後、同じオーブンで焼成する場合は早めに切り上げ、予熱にかかる時間と、二次発酵終了時をなるべく合わせ、スムーズに焼成に進めるようにしておく。そうしないと、発酵過多になってしまうので注意。

焼成

⑬ 発酵カゴに20cm四方に切ったオーブン用シート、鍋蓋を順に被せ A B、発酵カゴごとひっくり返して、生地を取り出す C。

⑭ 余分な粉をはらい D、クープナイフでクープを入れ E、霧吹きで水をやさしく生地全体に2〜3回吹きかける。

⑮ しっかり予熱したオーブンに入れる。220℃に温度を落とし、25〜30分焼いてクーラーに取り出して冷ます。

全粒粉のカンパーニュ

香ばしく、引きのよさを楽しめるカンパーニュ。
トーストしたり、薄切りにして楽しみます。
肉系のおかずや、クリームチーズとの相性もよいです。

材料（丸型発酵カゴ・1個分）

強力粉 … 160g
全粒粉 … 25g
ふすま粉（なければ全粒粉）… 15g
ポーリッシュ種 … 200g
イースト … 1g
塩 … 4g
はちみつ … 3g
水 … 110〜125g
打ち粉 … 適量

作り方

ミキシング

① ボウルに塩、はちみつ、水を入れ、塩が溶けるまで泡立て器でよく混ぜ続ける。

② 強力粉、全粒粉、ふすま粉、ポーリッシュ種、イーストを加え、木ベラに持ち替えて粉気がなくなるまで混ぜ合わせる。

オートリーズ

③ 生地がまとまったら、表面が乾かないようにボウルにラップか、ボウル蓋を被せ、室温に30分ほど置いてオートリーズさせる。

生地をこねる

④ 手水を用意して手を濡らし、生地の外周の端を引っ張り上げ、折りたたむ。これを2〜3周(20〜30回程度)して、再度ボウルにラップか、ボウル蓋を被せ、室温でそのまま30分ほど生地を休ませる。

一次発酵

⑤ 生地に打ち粉をふり、表面を下にして台に取り出す。生地を広げ、左右、上下に1回ずつ折りたたむ。

⑥ たたんだ生地をひっくり返して保存容器に入れ、蓋をする。そのまま室温に30分ほど置いて予備発酵させ、冷蔵庫に入れて10〜12時間かけて生地が2倍の大きさになるまで一次発酵させる。

成形

⑦ 生地の一次発酵が終わったら、発酵カゴと生地の表面に打ち粉を多めにふる。

⑧ 保存容器の側面と生地の間にカードを差し込んで1周して生地をはがし、保存容器ごとひっくり返し、台に生地をやさしく落とす。

⑨ 手に打ち粉をふり、生地の下に手を入れ、やさしくひと回りほど生地を広げる。

⑩ "生地の端を両手でやさしく引っ張り上げ、中央に折りたたむ"を2周し、ひっくり返す。

二次発酵

⑪ 手に打ち粉をふり、生地の表面を少々張らせ、準備した発酵カゴに閉じ目を上にして入れる。

⑫ 生地の閉じ目をしっかり摘んで閉じ、濡れ布巾をふんわりとかけ、室温でそのまま50〜60分二次発酵させる。

→焼くタイミングに合わせ、オーブンを250℃に予熱する。

焼成

⑬ 発酵カゴに20cm四方に切ったオーブン用シート、鍋蓋を順に被せ、発酵カゴごとひっくり返して、生地を取り出す。

⑭ 余分な粉をはらい、クープナイフで好みのクープを入れ、霧吹きで水をやさしく生地全体に2〜3回吹きかける。

⑮ しっかり予熱したオーブンに入れる。220℃に温度を落とし、25〜30分焼いてクーラーに取り出して冷ます。

プレーンのカンパーニュ

もっちり感と、小麦粉の旨み、甘みを味わいたい。
そんなときにおすすめのカンパーニュです。
厚切りにし、ジャムをのせて楽しんでください。
食べ飽きない味なので、食パン型で焼いても。

材料（オーバル型発酵カゴ・1個分）

強力粉 … 190g
ライ麦粉 … 10g
ポーリッシュ種 … 200g
イースト … 1g
塩 … 4g
はちみつ … 3g
水 … 90〜110g
打ち粉 … 適量

作り方

ミキシング

❶ ボウルに塩、はちみつ、水を入れ、塩が溶けるまで泡立て器でよく混ぜ続ける。

❷ 強力粉、ライ麦粉、ポーリッシュ種、イーストを加え、木ベラに持ち替えて粉気がなくなるまで混ぜ合わせる。

オートリーズ

❸ 生地がまとまったら、表面が乾かないようにボウルにラップか、ボウル蓋を被せ、室温に30分ほど置いてオートリーズさせる。

生地をこねる

❹ 手水を用意して手を濡らし、生地の外周の端を引っ張り上げ、折りたたむ。これを2〜3周（20〜30回程度）して、再度ボウルにラップか、ボウル蓋を被せ、室温でそのまま30分ほど生地を休ませる。

一次発酵

❺ 生地に打ち粉をふり、表面を下にして台に取り出す。生地を広げ、左右、上下に1回ずつたたむ。

❻ たたんだ生地をひっくり返して保存容器に入れ、蓋をする。そのまま室温に30分ほど置いて予備発酵させ、冷蔵庫に入れて10〜12時間かけて生地が2倍の大きさになるまで一次発酵させる。

→

成形

⑦ 生地の一次発酵が終わったら、発酵カゴと生地の表面に打ち粉を多めにふる。

⑧ 保存容器の側面と生地の間にカードを差し込んで1周して生地をはがし、保存容器ごとひっくり返し、台に生地をやさしく落とす。

⑨ 手に打ち粉をふり、生地の下に手を入れ、やさしくひと回りほど生地を広げる。

⑩ 生地の左右を両手でやさしく引っ張り上げ、中心線に向かって三つ折りし A B C 、大きく飛び出てきた気泡を竹串で潰し D 、縦方向に巻き取る E 。巻き終わりと両端を摘んで閉じる F 。

二次発酵

⑪ 手に打ち粉をふり、準備した発酵カゴに閉じ目を上にして入れる。

⑫ 生地の閉じ目を摘んで閉じ、濡れ布巾をふんわりとかけ、室温でそのまま50〜60分二次発酵させる。

→焼くタイミングに合わせ、オーブンを250℃に予熱する。

焼成

⑬ 発酵カゴに20cm大に切ったオーブン用シート、鍋蓋を順に被せ、発酵カゴごとひっくり返して、生地を取り出す。

⑭ 余分な粉をはらい、クープナイフで好みのクープを入れ、霧吹きで水をやさしく生地全体に2〜3回吹きかける。

⑮ しっかり予熱したオーブンに入れる。220℃に温度を落とし、25〜30分焼いてクーラーに取り出して冷ます。

（食パン型で焼く）

材料はプレーンのカンパーニュと同じ。
使用する型は1斤用、
内寸縦19.5cm、横9.5cm、高さ9.5cmを使用。

作り方

ミキシング　〜　一次発酵　まではp.61を参照

成形

❼　生地の一次発酵が終わったら、食パン型にバターか、オリーブオイルを薄く塗る。
→バターを使うと、風味が増し、皮にサクッとした食感を与える。オリーブオイルは香ばしさが続き、劣化も遅い。サラダ油などの植物油は劣化し、油臭くなってしまうので注意。

❽　保存容器の側面と生地の間にカードを差し込んで1周して生地をはがし、保存容器ごとひっくり返し、台に生地をやさしく落とす。

❾　手に打ち粉をふり、生地の下に手を入れ、やさしくひと回りほど生地を広げる。

❿　生地の左右を両手でやさしく引っ張り上げ、中心線に向かって三つ折りし、大きく飛び出てきた気泡を竹串で潰し、縦方向に巻き取る。巻き終わりと両端を摘んで閉じる。

二次発酵

⓫　準備した食パン型に閉じ目を下にして入れる。

⓬　濡れ布巾をふんわりとかけ、室温でそのまま50〜60分二次発酵させる。
→焼くタイミングに合わせ、オーブンを220℃に予熱する。

焼成

⓭　クープナイフで好みのクープを入れ、霧吹きで水をやさしく生地全体に2〜3回吹きかける。

⓮　しっかり予熱したオーブンに入れる。200℃に温度を落として30〜35分焼く。焼き上がったら型からすぐに取り出し、クーラーで冷ます。

> **型のはずし方**
> 一度台に型ごと軽く打ちつけて、型の中に溜まっている熱気を放出してからパンを取り出すと、冷ましている途中で腰折れなどしにくくなる。

そば粉のカンパーニュ

そば粉は吸水が遅いため、こねにくいのですが、
歯切れがよく、引きが少ないので、あっさりした味わいに。
グリーンがかった美しい生地と、そばの香りも楽しめます。

材料（オーバル型発酵カゴ・1個分）

強力粉 … 150g	塩 … 4g
そば粉 … 50g	はちみつ … 3g
ポーリッシュ種 … 200g	水 … 80〜90g
イースト … 1g	打ち粉（そば粉）… 適量

作り方

ミキシング

❶ ボウルに塩、はちみつ、水を入れ、塩が溶けるまで泡立て器でよく混ぜ続ける。

❷ 強力粉、そば粉、ポーリッシュ種、イーストを加え、木ベラに持ち替えて粉気がなくなるまで混ぜ合わせる。

オートリーズ

❸ 生地がまとまったら、表面が乾かないようにボウルにラップか、ボウル蓋を被せ、室温に30分ほど置いてオートリーズさせる。

生地をこねる

❹ 手水を用意して手を濡らし、生地の外周の端を引っ張り上げ、折りたたむ。これを2〜3周（20〜30回程度）して、再度ボウルにラップか、ボウル蓋を被せ、室温でそのまま30分ほど生地を休ませる。

一次発酵

❺ 生地に打ち粉をふり、表面を下にして台に取り出す。生地を広げ、左右、上下に1回ずつたたむ。

❻ 生地をひっくり返して保存容器に入れ、蓋をする。そのまま室温に30分ほど置いて予備発酵させ、冷蔵庫に入れて10〜12時間かけて生地が2倍の大きさになるまで一次発酵させる。

成形

❼ 生地の一次発酵が終わったら、発酵カゴと生地の表面に打ち粉を多めにふる。

❽ 保存容器の側面と生地の間にカードを差し込んで1周して生地をはがし、保存容器ごとひっくり返し、台に生地をやさしく落とす。

❾ 手に打ち粉をふり、生地の下に手を入れ、やさしくひと回りほど生地を広げる。

❿ 生地の左右を両手でやさしく引っ張り上げ、中心線に向かって三つ折りし、大きく飛び出てきた気泡を竹串で潰し、縦方向に巻き取る。巻き終わりと両端を摘んで閉じる。

二次発酵

⓫ 手に打ち粉をふり、準備した発酵カゴに閉じ目を上にして入れる。

⓬ 生地の閉じ目をしっかり摘んで閉じ、濡れ布巾をふんわりとかけ、室温でそのまま50〜60分二次発酵させる。

→焼くタイミングに合わせ、オーブンを250℃に予熱する。

焼成

⓭ 発酵カゴに20cm四方に切ったオーブン用シート、鍋蓋を順に被せ、発酵カゴごとひっくり返して、生地を取り出す。

⓮ 余分な粉をはらい、クープナイフで好みのクープを入れ、霧吹きで水をやさしく生地全体に2〜3回吹きかける。

⓯ しっかり予熱したオーブンに入れる。220℃に温度を落とし、25〜30分焼いてクーラーに取り出して冷ます。

ライ麦のカンパーニュ

皮はサクッと、生地はモチッとした食感。
ライ麦ならではのほのかな酸味も感じられ、
肉系のおかずやサンドイッチに合います。

材料（オーバル型発酵カゴ・1個分）

強力粉 … 150g	塩 … 4g
ライ麦粉 … 50g	はちみつ … 3g
ポーリッシュ種 … 200g	水 … 80〜90g
イースト … 1g	打ち粉 … 適量

作り方

ミキシング

❶ ボウルに塩、はちみつ、水を入れ、塩が溶けるまで泡立て器でよく混ぜ続ける。

❷ 強力粉、ライ麦粉、ポーリッシュ種、イーストを加え、木ベラに持ち替えて粉気がなくなるまで混ぜ合わせる。

オートリーズ

❸ 生地がまとまったら、表面が乾かないようにボウルにラップか、ボウル蓋を被せ、室温に30分ほど置いてオートリーズさせる。

生地をこねる

❹ 手水を用意して手を濡らし、生地の外周の端を引っ張り上げ、折りたたむ。これを2〜3周（20〜30回程度）して、再度ボウルにラップか、ボウル蓋を被せ、室温でそのまま30分ほど生地を休ませる。

一次発酵

❺ 生地に打ち粉をふり、表面を下にして台に取り出す。生地を広げ、左右、上下に1回ずつたたむ。

❻ たたんだ生地をひっくり返して保存容器に入れ、蓋をする。そのまま室温に30分ほど置いて予備発酵させ、冷蔵庫に入れて10〜12時間かけて生地が2倍の大きさになるまで一次発酵させる。

成形

❼ 生地の一次発酵が終わったら、発酵カゴと生地の表面に打ち粉を多めにふる。

❽ 保存容器の側面と生地の間にカードを差し込んで1周して生地をはがし、保存容器ごとひっくり返し、台に生地をやさしく落とす。

❾ 手に打ち粉をふり、生地の下に手を入れ、やさしくひと回りほど生地を広げる。

❿ 生地の左右を両手でやさしく引っ張り上げ、中心線に向かって三つ折りし、大きく飛び出てきた気泡を竹串で潰し、縦方向に巻き取る。巻き終わりと両端を摘んで閉じる。

二次発酵

⓫ 手に打ち粉をふり、準備した発酵カゴに閉じ目を上にして入れる。

⓬ 生地の閉じ目をしっかり摘んで閉じ、濡れ布巾をふんわりとかけ、室温でそのまま50〜60分二次発酵させる。

→焼くタイミングに合わせ、オーブンを250℃に予熱する。

焼成

⓭ 発酵カゴに20cm四方に切ったオーブン用シート、鍋蓋を順に被せ、発酵カゴごとひっくり返して、生地を取り出す。

⓮ 余分な粉をはらい、クープナイフで好みのクープを入れ、霧吹きで水をやさしく生地全体に2〜3回吹きかける。

⓯ しっかり予熱したオーブンに入れる。220℃に温度を落とし、25〜30分焼いてクーラーに取り出して冷ます。

ライ麦ヨーグルトのカンパーニュ

軽い酸味を感じられ、カンパーニュというより
ドイツ系のパンに近づけました。
目の詰まった焼き上がりで、もっちりとした食感です。

材料（丸型発酵カゴ・1個分）

強力粉 … 100g	塩 … 4g
ライ麦粉 … 100g	はちみつ … 3g
ポーリッシュ種 … 200g	水 … 50 〜 60g
イースト … 1g	プレーンヨーグルト（無糖）… 45g
キャラウェイシード … 2g	打ち粉 … 適量

作り方

ミキシング

❶ ボウルに塩、はちみつ、水、プレーンヨーグルトを入れ、塩が溶けるまで泡立て器でよく混ぜ続ける A。

❷ 強力粉、ライ麦粉、ポーリッシュ種、イーストを加え、木ベラに持ち替えて混ぜ合わせる。ある程度まとまってきたら、カードに持ち替えて粉気がなくなるまで切るように混ぜる B。

オートリーズ

❸ 生地がまとまったら、表面が乾かないようにボウルにラップか、ボウル蓋を被せ、室温に30分ほど置いてオートリーズさせる。

生地をこねる

❹ 生地の表面にキャラウェイシードをふる。手水を用意して手を濡らし、生地の外周の端を引っ張り上げ、折りたたむ。これを2〜3周（20〜30回程度）して、再度ボウルにラップか、ボウル蓋を被せ、室温でま30分ほど生地を休ませる。

一次発酵

❺ 生地に打ち粉をふり、表面を下にして台に取り出す。生地を広げ、左右、上下に1回ずつたたむ。

❻ 生地をひっくり返して保存容器に入れ、蓋をする。室温に30分ほど置いて予備発酵させ、冷蔵庫に入れて10〜12時間かけて生地が1.5倍の大きさになるまで一次発酵させる。

成形

❼ 生地の一次発酵が終わったら、発酵カゴと生地の表面に打ち粉を多めにふる。

❽ 保存容器の側面と生地の間にカードを差し込んで1周して生地をはがし、保存容器ごとひっくり返し、台に生地をやさしく落とす。

❾ 手に打ち粉をふり、生地の下に手を入れ、やさしくひと回りほど生地を広げる。

❿ "生地の端を両手でやさしく引っ張り上げ、中央に折りたたむ"を2周し、ひっくり返す。

二次発酵

⓫ 手に打ち粉をふり、生地の表面を少々張らせ、準備した発酵カゴに閉じ目を上にして入れる。

⓬ 生地の閉じ目をしっかり摘んで閉じ、濡れ布巾をふんわりとかけ、室温でそのまま40〜60分二次発酵させる。

→焼くタイミングに合わせ、オーブンを250℃に予熱する。

焼成

⓭ 発酵カゴに20cm四方に切ったオーブン用シート、鍋蓋を順に被せ、発酵カゴごとひっくり返して、生地を取り出す。

⓮ 余分な粉をはらい、クープナイフで好みのクープを入れ、霧吹きで水をやさしく生地全体に2〜3回吹きかける。

⓯ しっかり予熱したオーブンに入れる。220℃に温度を落とし、25〜30分焼いてクーラーに取り出して冷ます。

Column_1

鍋で焼く"高加水カンパーニュ"

基本のカンパーニュの水を40g以上多めに加えて焼き上げます。
高加水ならではのもっちりと、艶のある生地は日本人好み。
生地がやわらかく、成形後に形を保ちにくいのが特徴ですが、
鋳物製の鉄鍋で焼くと、上手に焼き上げることができます。

美味しく焼けた高加水のパンの特徴のひとつが気泡。大きく伸び、それぞれに薄い艶やかな膜を張っている。

材料（オーバル型発酵カゴ・1個分）
＊直径20cmの鋳物製厚手の鍋を使用

強力粉 … 150g
ライ麦粉 … 30g
全粒粉 … 20g
ポーリッシュ種 … 200g
イースト … 1g
塩 … 4g
はちみつ … 3g
水 … 150〜170g
打ち粉 … 適量

作り方

ミキシング〜二次発酵まではプレーンのカンパーニュの工程を参照（p.61〜62）

→焼くタイミングに合わせ、鍋（蓋も一緒に）をオーブンの中に入れて250℃で予熱する。

焼成

❶ 発酵カゴに25cm四方の大きめに切ったオーブン用シート、鍋蓋を順に被せ、発酵カゴごとひっくり返して、生地を取り出す。

❷ 余分な粉をはらい、クープナイフで好みのクープを入れ、霧吹きで水をやさしく生地全体に2〜3回吹きかける。

→予熱しておいた鍋をヤケドに注意しながら、取り出す。

❸ オーブン用シートごと生地を鍋に入れて蓋をし、予熱したオーブンに入れる。220℃に温度を落とし、10分ほど焼いて一度取り出す。蓋を外し、再びオーブンに戻し入れて、20分ほど焼く。

❹ 鍋をオーブンから取り出し、カンパーニュを素早く取り出してクーラーで冷ます。

マルチシリアルのカンパーニュ

色んな穀物がブレンドされているマルチシリアル。
ミネラルも豊富で、少量でも香ばしく、
きなこが入ったような甘い香りがします。

材料（丸型発酵カゴ・1個分）

強力粉 … 160g	塩 … 4g
マルチシリアル … 40g	きび砂糖 … 3g
ポーリッシュ種 … 200g	水 … 90〜100g
イースト … 1g	打ち粉 … 適量

作り方

ミキシング

❶ ボウルに塩、きび砂糖、水を入れ、塩が溶けるまで泡立て器でよく混ぜ続ける。

❷ 強力粉、マルチシリアル、ポーリッシュ種、イーストを加え、木ベラに持ち替えて粉気がなくなるまで混ぜ合わせる。

オートリーズ

❸ 生地がまとまったら、表面が乾かないようにボウルにラップか、ボウル蓋を被せ、室温に30分ほど置いてオートリーズさせる。

生地をこねる

❹ 手水を用意して手を濡らし、生地の外周の端を引っ張り上げ、折りたたむ。これを2〜3周（20〜30回程度）して、再度ボウルにラップか、ボウル蓋を被せ、室温で30分ほど生地を休ませる。

一次発酵

❺ 生地に打ち粉をふり、表面を下にして台に取り出す。生地を広げ、左右、上下に1回ずつたたむ。

❻ たたんだ生地をひっくり返して保存容器に入れ、蓋をする。そのまま室温に30分ほど置いて予備発酵させ、冷蔵庫に入れて10〜12時間かけて生地が2倍の大きさになるまで一次発酵させる。

成形

❼ 生地の一次発酵が終わったら、発酵カゴと生地の表面に打ち粉を多めにふる。

❽ 保存容器の側面と生地の間にカードを差し込んで1周して生地をはがし、保存容器ごとひっくり返し、台に生地をやさしく落とす。

❾ 手に打ち粉をふり、生地の下に手を入れ、やさしくひと回りほど生地を広げる。

❿ "生地の端を両手でやさしく引っ張り上げ、中央に折りたたむ"を2周し、ひっくり返す。

二次発酵

⓫ 手に打ち粉をふり、生地の表面を少々張らせ、準備した発酵カゴに閉じ目を上にして入れる。

⓬ 生地の閉じ目をしっかり摘んで閉じ、濡れ布巾をふんわりかけ、室温でそのまま50〜60分二次発酵させる。

→焼くタイミングに合わせ、オーブンを250℃に予熱する。

焼成

⓭ 発酵カゴに20cm四方に切ったオーブン用シート、鍋蓋を順に被せ、発酵カゴごとひっくり返して、生地を取り出す。

⓮ 余分な粉をはらい、クープナイフで好みのクープを入れ、霧吹きで水をやさしく生地全体に2〜3回吹きかける。

⓯ しっかり予熱したオーブンに入れる。220℃に温度を落とし、25〜30分焼いてクーラーに取り出して冷ます。

くるみのカンパーニュ

噛むごとに、くるみの食感とその旨みが感じられます。
香ばしいくるみの香りを楽しみたいので、
全粒粉はあえて入れない配合にしています。

材料（オーバル型発酵カゴ・1個分）

強力粉 … 180g
ライ麦粉 … 20g
ポーリッシュ種 … 200g
イースト … 1g
くるみ … 90g
塩 … 4g
はちみつ … 3g
水 … 110〜125g
打ち粉 … 適量

下準備

- くるみは150℃のオーブンでローストして冷まし、2cm角程度に刻む。実から外れた薄皮は、フーッと、息か風を当てて飛ばして取り除く。薄皮は渋みがあるので、なるべく入れないようにする。

作り方

ミキシング

❶ ボウルに塩、はちみつ、水を入れ、塩が溶けるまで泡立て器でよく混ぜ続ける。

❷ 強力粉、ライ麦粉、ポーリッシュ種、イーストを加え、木ベラに持ち替えて粉気がなくなるまで混ぜる。

オートリーズ

❸ 生地がまとまったら、表面が乾かないようにボウルにラップか、ボウル蓋を被せ、室温に30分ほど置いてオートリーズさせる。

生地をこねる

❹ 生地の表面にくるみを散らす。手水を用意して手を濡らし、生地の外周の端を引っ張り上げ、折りたたむ A B 。これを2〜3周（20〜30回程度）して、再度ボウルにラップか、ボウル蓋を被せ、室温でそのまま30分ほど生地を休ませる。

一次発酵

❺ 生地に打ち粉をふり、表面を下にして台に取り出す。生地を広げ、左右、上下に1回ずつ折りたたむ。

❻ たたんだ生地をひっくり返して保存容器に入れ、蓋をする。そのまま室温に30分ほど置いて予備発酵させ、冷蔵庫に入れて10〜12時間かけて生地が2倍の大きさになるまで一次発酵させる。

成形

❼ 生地の一次発酵が終わったら、発酵カゴと生地の表面に打ち粉を多めにふる。

❽ 保存容器の側面と生地の間にカードを差し込んで1周して生地をはがし、保存容器ごとひっくり返し、台に生地をやさしく落とす。

❾ 手に打ち粉をふり、生地の下に手を入れ、やさしくひと回りほど生地を広げる。

❿ 生地の左右を両手でやさしく引っ張り上げ、中心線に向かって三つ折りし、大きく飛び出してきた気泡を竹串で潰し、縦方向に巻き取る。巻き終わりと両端を摘んで閉じる。

二次発酵

⓫ 手に打ち粉をふり、準備した発酵カゴに閉じ目を上にして入れる。

⓬ 生地の閉じ目をしっかり摘んで閉じ、濡れ布巾をふんわりかけ、室温で50〜60分二次発酵させる。

→焼くタイミングに合わせ、オーブンを250℃に予熱する。

焼成

⓭ 発酵カゴに20cm四方に切ったオーブン用シート、鍋蓋を順に被せ、発酵カゴごとひっくり返して、生地を取り出す。

⓮ 余分な粉をはらい、好みのクープを入れ、霧吹きで水をやさしく生地全体に2〜3回吹きかける。

⓯ しっかり予熱したオーブンに入れる。220℃に温度を落とし、25〜30分焼いてクーラーに取り出して冷ます。

レーズンのカンパーニュ

レーズンが甘酸っぱいアクセントになります。
湯通ししてから加えるので、ジューシーで、
生地の水分を奪わず、パサつきません。

材料（オーバル型発酵カゴ・1個分）

強力粉 … 170g	レーズン … 100g
ライ麦粉 … 30g	塩 … 4g
シナモンパウダー … 2g	はちみつ … 3g
ポーリッシュ種 … 200g	水 … 90～110g
イースト … 1g	打ち粉 … 適量

下準備

- レーズンはたっぷりの湯で1分ほど湯通しし、水気をしっかりきって冷す。

作り方

ミキシング

① ボウルに塩、はちみつ、水を入れ、塩が溶けるまで泡立て器でよく混ぜ続ける。

② 強力粉、ライ麦粉、シナモンパウダー、ポーリッシュ種、イーストを加え、木ベラに持ち替えて粉気がなくなるまで混ぜ合わせる。

オートリーズ

③ 生地がまとまったら、表面が乾かないようにボウルにラップか、ボウル蓋を被せ、室温に30分ほど置いてオートリーズさせる。

生地をこねる

④ 生地の表面にレーズンを散らす。手水を用意して手を濡らし、生地の外周の端を引っ張り上げ、折りたたむ。これを2～3周（20～30回程度）して、再度ボウルにラップか、ボウル蓋を被せ、室温でそのまま30分ほど生地を休ませる。

一次発酵

⑤ 生地に打ち粉をふり、表面を下にして台に取り出す。生地を広げ、左右、上下に1回ずつ折りたたむ。

⑥ 生地をひっくり返して保存容器に入れ、蓋をする。そのまま室温に30分ほど置いて予備発酵させ、冷蔵庫に入れて10～12時間かけて生地が2倍の大きさになるまで一次発酵させる。

成形

⑦ 生地の一次発酵が終わったら、発酵カゴと生地の表面に打ち粉を多めにふる。

⑧ 保存容器の側面と生地の間にカードを差し込んで1周して生地をはがし、保存容器ごとひっくり返し、台に生地をやさしく落とす。

⑨ 手に打ち粉をふり、生地の下に手を入れ、やさしくひと回りほど生地を広げる。

⑩ 生地の左右を両手でやさしく引っ張り上げ、中心線に向かって三つ折りし、大きく飛び出てきた気泡を竹串で潰し、縦方向に巻き取る。巻き終わりと両端を摘んで閉じる。

二次発酵

⑪ 手に打ち粉をふり、準備した発酵カゴに閉じ目を上にして入れる。

⑫ 生地の閉じ目を摘んで閉じ、濡れ布巾をふんわりとかけ、室温で50～60分二次発酵させる。

→焼くタイミングに合わせ、オーブンを250℃に予熱する。

焼成

⑬ 発酵カゴに20cm四方に切ったオーブン用シート、鍋蓋を順に被せ、発酵カゴごとひっくり返して、生地を取り出す。

⑭ 余分な粉をはらい、クープナイフで好みのクープを入れ、霧吹きで水をやさしく生地全体に2～3回吹きかける。

⑮ しっかり予熱したオーブンに入れる。220℃に温度を落とし、25～30分焼いてクーラーに取り出して冷ます。

ターメリックのカンパーニュ

焼き上がりの断面が鮮やかで、見るだけでワクワクします。ターメリックは水を含むと、とろみが出るのでこねやすく、パンには好都合な素材。エスニック風味も楽しめます。

材料（丸型発酵カゴ・1個分）

強力粉 … 170g	カシューナッツ … 90g
全粒粉 … 30g	塩 … 4g
ターメリックパウダー … 10g	はちみつ … 3g
ポーリッシュ種 … 200g	水 … 100〜120g
イースト … 1g	打ち粉 … 適量

下準備

- カシューナッツは150℃のオーブンでローストし、冷ましておく。

作り方

ミキシング

❶ ボウルに塩、はちみつ、水を入れ、塩が溶けるまで泡立て器でよく混ぜ続ける。

❷ 強力粉、全粒粉、ターメリックパウダー、ポーリッシュ種、イーストを加え、木ベラに持ち替えて粉気がなくなるまで混ぜ合わせる。

オートリーズ

❸ 生地がまとまったら、表面が乾かないようにボウルにラップか、ボウル蓋を被せ、室温に30分ほど置いてオートリーズさせる。

生地をこねる

❹ 生地の表面にカシューナッツを散らす。手水を用意して手を濡らし、生地の外周の端を引っ張り上げ、折りたたむ。これを2〜3周（20〜30回程度）して、再度ボウルにラップか、ボウル蓋を被せ、室温で30分ほど生地を休ませる。

一次発酵

❺ 生地に打ち粉をふり、表面を下にして台に取り出す。生地を広げ、左右、上下に1回ずつたたむ。

❻ 生地をひっくり返して保存容器に入れ、蓋をする。そのまま室温に30分ほど置いて予備発酵させ、冷蔵庫に入れて10〜12時間かけて生地が2倍の大きさになるまで一次発酵させる。

成形

❼ 生地の一次発酵が終わったら、発酵カゴと生地の表面に打ち粉を多めにふる。

❽ 保存容器の側面と生地の間にカードを差し込んで1周して生地をはがし、保存容器ごとひっくり返し、台に生地をやさしく落とす。

❾ 手に打ち粉をふり、生地の下に手を入れ、やさしくひと回りほど生地を広げる。

❿ "生地の端を両手でやさしく引っ張り上げ、中央に折りたたむ"を2周し、ひっくり返す。

二次発酵

⓫ 手に打ち粉をふり、生地の表面を少々張らせ、準備した発酵カゴに閉じ目を上にして入れる。

⓬ 生地の閉じ目をしっかり摘んで閉じ、濡れ布巾をふんわりかけ、室温でそのまま50〜60分二次発酵させる。

→焼くタイミングに合わせ、オーブンを250℃に予熱する。

焼成

⓭ 発酵カゴに20cm四方に切ったオーブン用シート、鍋蓋を順に被せ、発酵カゴごとひっくり返して、生地を取り出す。

⓮ 余分な粉をはらい、クープナイフで好みのクープを入れ、霧吹きで水をやさしく生地全体に2〜3回吹きかける。

⓯ しっかり予熱したオーブンに入れる。220℃に温度を落とし、25〜30分焼いてクーラーに取り出して冷ます。

クランベリーと
カルダモンのプティカンパーニュ

カルダモンの大人っぽい香りに、全粒粉で香ばしさを。
薄く切ってはちみつをかけたり、
チーズをのせてクラッカーのように楽しんでも。

材料（ナマコ型プティパン・4個分）

強力粉 … 170g　　　ドライクランベリー … 100g
全粒粉 … 30g　　　塩 … 4g
カルダモンパウダー … 10g　　はちみつ … 3g
ポーリッシュ種 … 200g　　水 … 100～120g
イースト … 1g　　　打ち粉 … 適量

作り方

ミキシング

① ボウルに塩、はちみつ、水を入れ、塩が溶けるまで泡立て器でよく混ぜ続ける。

② 強力粉、全粒粉、カルダモンパウダー、ポーリッシュ種、イーストを加え、木ベラに持ち替えて粉気がなくなるまで混ぜ合わせる。

オートリーズ

③ 生地がまとまったら、表面が乾かないようにボウルにラップか、ボウル蓋を被せ、室温に30分ほど置いてオートリーズさせる。

生地をこねる

④ 生地の表面にドライクランベリーを散らす。手水を用意して手を濡らし、生地の外周の端を引っ張り上げ、折りたたむ。これを2～3周（20～30回程度）して、再度ボウルにラップか、ボウル蓋を被せ、室温で30分ほど生地を休ませる。

一次発酵

⑤ 生地に打ち粉をふり、表面を下にして台に取り出す。生地を広げ、左右、上下に1回ずつたたむ。

⑥ 生地をひっくり返して保存容器に入れ、蓋をする。そのまま室温に30分ほど置いて予備発酵させ、冷蔵庫に入れて10～12時間かけて生地が2倍の大きさになるまで一次発酵させる。

成形

⑦ 生地の一次発酵が終わったら、生地の表面に打ち粉を多めにふる。

⑧ 保存容器の側面と生地の間にカードを差し込んで1周して生地をはがし、保存容器ごとひっくり返し、台に生地をやさしく落とす。

⑨ 手に打ち粉をふり、生地の下に手を入れ、やさしくひと回りほど生地を広げる。

⑩ 生地の表面に軽く打ち粉をふり、カードで十字に切り、4等分にする。

⑪ 生地の端を両手でやさしく引っ張り上げ、中央に折りたたむ A 。さらに生地を半分に折り B 、閉じ目を摘んでしっかり閉じる。

二次発酵

⑫ 成形した順にオーブン用シートを敷いた天板に間隔を空けてのせる C 。

⑬ 濡れ布巾をふんわりかけ、室温でそのまま50～60分二次発酵させる。

→焼くタイミングに合わせ、オーブンを250℃に予熱する。

焼成

⑭ クープナイフで好みのクープを入れ D 、霧吹きで水をやさしく生地に2～3回吹きかける。

⑮ しっかり予熱したオーブンに入れる。220℃に温度を落とし、15～18分焼いてクーラーにのせて冷ます。

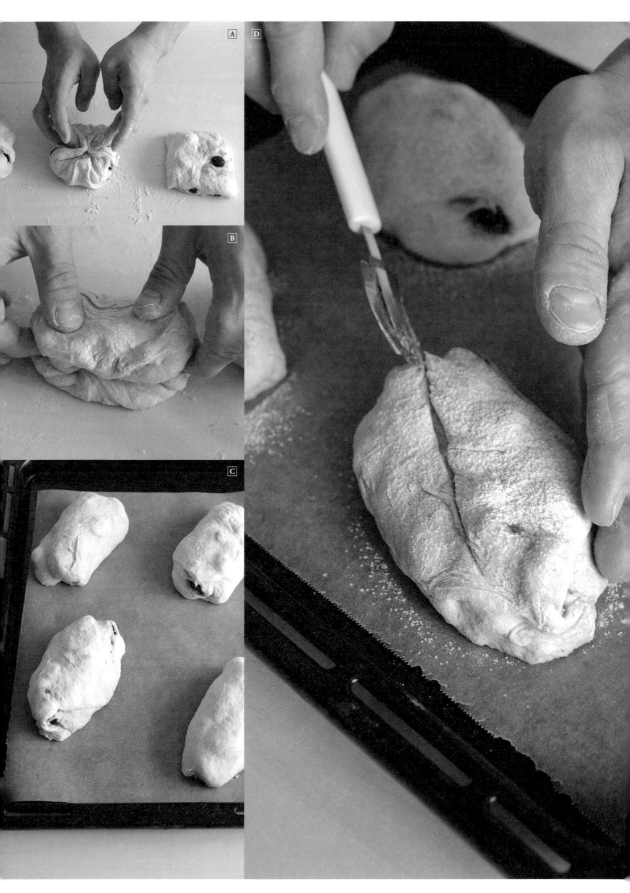

チョコレートのプティカンパーニュ

カカオの生地にたっぷりとチョコを包みます。
カリッとほろ苦いカカオニブもアクセント。
軽食はもちろん、おやつとしても楽しめます。

材料（丸型プティパン・4個分）

強力粉 … 170g	ダークチョコレート（チップ）… 60g
ライ麦粉 … 30g	塩 … 4g
カカオパウダー … 20g	はちみつ … 3g
ポーリッシュ種 … 200g	水 … 100～120g
イースト … 1g	打ち粉 … 適量
カカオニブ … 15g	

下準備

- ダークチョコレートは大きければ1cm角に刻む。

作り方

ミキシング

❶ ボウルに塩、はちみつ、水を入れ、塩が溶けるまで泡立て器でよく混ぜ続ける。

❷ 強力粉、ライ麦粉、カカオパウダー、ポーリッシュ種、イーストを加え、木ベラに持ち替えて粉気がなくなるまで混ぜ合わせる。

オートリーズ

❸ 生地がまとまったら、表面が乾かないようにボウルにラップか、ボウル蓋を被せ、室温に30分ほど置いてオートリーズさせる。

生地をこねる

❹ 生地の表面にカカオニブを散らす。手水を用意して手を濡らし、生地の外周の端を引っ張り上げ、折りたたむ。これを2～3周（20～30回程度）して、再度ボウルにラップか、ボウル蓋を被せ、室温でそのまま30分ほど生地を休ませる。

一次発酵

❺ 生地に打ち粉をふり、表面を下にして台に取り出す。生地を広げ、左右、上下に1回ずつ折りたたむ。

❻ たたんだ生地をひっくり返して保存容器に入れ、蓋をする。そのまま室温に30分ほど置いて予備発酵させ、冷蔵庫に入れて10～12時間かけて生地が2倍の大きさになるまで一次発酵させる。

成形

❼ 生地の一次発酵が終わったら、生地の表面に打ち粉を多めにふる。

❽ 保存容器の側面と生地の間にカードを差し込んで1周して生地をはがし、保存容器ごとひっくり返し、台に生地をやさしく落とす。

❾ 手に打ち粉をふり、生地の下に手を入れ、やさしくひと回りほど生地を広げる。

❿ 生地の表面に軽く打ち粉をふり、カードで十字に切り、4等分にする。

⓫ 生地の中央に大さじ1杯程度のダークチョコレートをのせる。生地の4つ角を引っ張り上げて中央にたたみ A 、さらにダークチョコレートを中央に小さじ1杯程度のせ、4つ角を引き上げて包むように閉じる B 。ひっくり返し、丸く形を整える C 。

二次発酵

⓬ 成形した順にオーブン用シートを敷いた天板に間隔を空けてのせる。

⓭ 濡れ布巾をふんわりとかけ、室温でそのまま50～60分二次発酵させる。

→焼くタイミングに合わせ、オーブンを250℃に予熱する。

焼成

⓮ クープナイフで好みのクープを入れ、霧吹きで水をやさしく生地全体に2～3回吹きかける。

⓯ しっかり予熱したオーブンに入れる。220℃に温度を落とし、15～18分焼いてクーラーにのせて冷ます。

栗とベリーのプティカンパーニュ

フランス菓子で相性がよい、
栗とブルーベリーをカンパーニュに閉じ込めました。
甘さと甘酸っぱさが交互に口の中に広がります。

材料（切りっぱなしプティパン・4個分）

強力粉 … 140g	マロングラッセ（小）… 90g
ライ麦粉 … 30g	塩 … 4g
マロンパウダー 30g	はちみつ … 3g
ポーリッシュ種 … 200g	水 … 100〜120g
イースト … 1g	打ち粉 … 適量
ドライブルーベリー … 50g	

作り方

ミキシング

❶ ボウルに塩、はちみつ、水を入れ、塩が溶けるまで泡立て器でよく混ぜ続ける。

❷ 強力粉、ライ麦粉、マロンパウダー、ポーリッシュ種、イーストを加え、木ベラに持ち替えて粉気がなくなるまで混ぜ合わせる。

オートリーズ

❸ 生地がまとまったら、表面が乾かないようにボウルにラップか、ボウル蓋を被せ、室温に30分ほど置いてオートリーズさせる。

生地をこねる

❹ 生地の表面にドライブルーベリーを散らす。手水を用意して手を濡らし、生地の外周の端を引っ張り上げ、折りたたむ。これを2〜3周（20〜30回程度）して、再度ボウルにラップか、ボウル蓋を被せ、室温でそのまま30分ほど生地を休ませる。

一次発酵

❺ 生地に打ち粉をふり、表面を下にして台に取り出す。生地を広げ、左右、上下に1回ずつたたむ。

❻ たたんだ生地をひっくり返して保存容器に入れ、蓋をする。そのまま室温に30分ほど置いて予備発酵させ、冷蔵庫に入れて10〜12時間かけて生地が2倍の大きさになるまで一次発酵させる。

成形

❼ 生地の一次発酵が終わったら、生地の表面に打ち粉を多めにふる。

❽ 保存容器の側面と生地の間にカードを差し込んで1周して生地をはがし、保存容器ごとひっくり返し、台に生地をやさしく落とす。

❾ 手に打ち粉をふり、生地の下に手を入れ、やさしくひと回りほど生地を広げる。

❿ 広げた生地にマロングラッセの半量を散らし、生地の4つ角を引っ張り上げて中央にたたむ。さらに残りのマロングラッセを散らし A 、4つ角を引き上げて包むように閉じる B 。

⓫ 生地をひっくり返し、濡れ布巾をふんわりと被せ、室温で5〜10分生地を休ませる。

二次発酵

⓬ 生地の表面に打ち粉をふってカードで十字に切り C 、4等分にする。オーブン用シートを敷いた天板に間隔を空けてのせる D 。

⓭ 濡れ布巾をふんわりとかけ、室温でそのまま50〜60分二次発酵させる。

→焼くタイミングに合わせ、オーブンを250℃に予熱する。

焼成

⓮ クープナイフで好みのクープを入れ、霧吹きで水をやさしく生地全体に2〜3回吹きかける。

⓯ しっかり予熱したオーブンに入れる。220℃に温度を落とし、15〜18分焼いてクーラーに取り出して冷ます。

桜とうぐいす豆のプティカンパーニュ

桜がふわりと香る和風アレンジのカンパーニュ。
塩気と甘さのコントラストがクセになる美味しさ。
断面のピンクとグリーンも華やかです。

材料（切りっぱなしプティパン・4個分）

強力粉 … 200g	塩 … 4g
ポーリッシュ種 … 200g	はちみつ … 3g
イースト … 1g	水 … 100～120g
桜の塩漬け … 30g	打ち粉 … 適量
うぐいす豆（甘納豆）… 100	

下準備

- 桜の塩漬けは水でふり洗いし、塩の粒を落とし、新しい水に15分ほど浸して塩抜きをする。水気をきり、かたい軸などを取り除いて、粗くみじん切りにする。

作り方

ミキシング

① ボウルに塩、はちみつ、水を入れ、塩が溶けるまで泡立て器でよく混ぜ続ける。

② 強力粉、ポーリッシュ種、イーストを加え、木ベラに持ち替えて粉気がなくなるまで混ぜる。

オートリーズ

③ 生地がまとまったら、表面が乾かないようにボウルにラップか、ボウル蓋を被せ、室温に30分ほど置いてオートリーズさせる。

生地をこねる

④ 生地の表面に塩抜きした桜を散らす。手水を用意して手を濡らし、生地の外周の端を引っ張り上げ、折りたたむ。これを2～3周（20～30回程度）して、再度ボウルにラップか、ボウル蓋を被せ、室温でそのまま30分ほど生地を休ませる。

一次発酵

⑤ 生地に打ち粉をふり、表面を下にして台に取り出す。生地を広げ、左右、上下に1回ずつたたむ。

⑥ 生地をひっくり返して保存容器に入れ、蓋をする。そのまま室温に30分ほど置いて予備発酵させ、冷蔵庫に入れて10～12時間かけて生地が2倍の大きさになるまで一次発酵させる。

成形

⑦ 生地の一次発酵が終わったら、生地の表面に打ち粉を多めにふる。

⑧ 保存容器の側面と生地の間にカードを差し込んで1周して生地をはがし、保存容器ごとひっくり返し、台に生地をやさしく落とす。

⑨ 手に打ち粉をふり、生地の下に手を入れ、やさしくひと回りほど生地を広げる。

⑩ 広げた生地にうぐいす豆の半量を散らし、生地の4つ角を引っ張り上げて中央にたたむ。さらに残りのうぐいす豆を散らし、4つ角を引き上げて包むように閉じる。

⑪ 生地をひっくり返し、濡れ布巾をふんわりと被せ、室温で5～10分生地を休ませる。

二次発酵

⑫ 生地の表面に打ち粉をふってカードで十字に4等分にし、オーブン用シートを敷いた天板に間隔を空けてのせる。

⑬ 濡れ布巾をふんわりとかけ、室温でそのまま50～60分二次発酵させる。

→焼くタイミングに合わせ、オーブンを250℃に予熱する。

焼成

⑭ クープナイフで好みのクープを入れ、霧吹きで水をやさしく生地全体に2～3回吹きかける。

⑮ しっかり予熱したオーブンに入れる。220℃に温度を落とし、15～18分焼いてクーラーに取り出して冷ます。

干し柿のカンパーニュ

ねっとりとした食感、ほのかな甘みの柿に、
やわらかい香ばしさのある麦こがしがよく合います。
ブリーや、少しクセのあるチーズと一緒にどうぞ。

材料（丸型発酵カゴ・1個分）

強力粉 … 150g	干し柿 … 120g
ライ麦粉 … 30g	塩 … 4g
麦こがし（または全粒粉）… 20g	はちみつ … 3g
ポーリッシュ種 … 200g	水 … 100〜120g
イースト … 1g	打ち粉 … 適量

下準備
- 干し柿はヘタと種を取り除き、2cm角に切る。

作り方

ミキシング

❶ ボウルに塩、はちみつ、水を入れ、塩が溶けるまで泡立て器でよく混ぜ続ける。

❷ 強力粉、ライ麦粉、麦こがし、ポーリッシュ種、イーストを加え、木ベラに持ち替えて粉気がなくなるまで混ぜ合わせる。

オートリーズ

❸ 生地がまとまったら、表面が乾かないようにボウルにラップか、ボウル蓋を被せ、室温に30分ほど置いてオートリーズさせる。

生地をこねる

❹ 手水を用意して手を濡らし、生地の外周の端を引っ張り上げ、折りたたむ。これを2〜3周（20〜30回程度）して、再度ボウルにラップか、ボウル蓋を被せ、室温でそのまま30分ほど生地を休ませる。

一次発酵

❺ 生地に打ち粉をふり、表面を下にして台に取り出す。生地を広げ、左右、上下に1回ずつたたむ。

❻ たたんだ生地をひっくり返して保存容器に入れ、蓋をする。そのまま室温に30分ほど置いて予備発酵させ、冷蔵庫に入れて10〜12時間かけて生地が2倍の大きさになるまで一次発酵させる。

成形

❼ 生地の一次発酵が終わったら、発酵カゴと生地の表面に打ち粉を多めにふる。

❽ 保存容器の側面と生地の間にカードを差し込んで1周して生地をはがし、保存容器ごとひっくり返し、台に生地をやさしく落とす。

❾ 手に打ち粉をふり、生地の下に手を入れ、やさしくひと回りほど生地を広げる。

❿ 広げた生地に干し柿の半量を散らし、生地の4つ角を引っ張り上げて中央にたたむ。さらに残りの干し柿を散らし、4つ角を引き上げて包むように閉じる。

二次発酵

⓫ 手に打ち粉をふり、準備した発酵カゴに閉じ目を上にして入れる。

⓬ 生地の閉じ目をしっかり摘んで閉じ、濡れ布巾をふんわりとかけ、室温でそのまま50〜60分二次発酵させる。

→焼くタイミングに合わせ、オーブンを250℃に予熱する。

焼成

⓭ 発酵カゴに20cm四方に切ったオーブン用シート、鍋蓋を順に被せ、発酵カゴごとひっくり返して、生地を取り出す。

⓮ 余分な粉をはらい、クープナイフで好みのクープを入れ、霧吹きで水をやさしく生地全体に2〜3回吹きかける。

⓯ しっかり予熱したオーブンに入れる。220℃に温度を落とし、25〜30分焼いてクーラーに取り出して冷ます。

カモマイルとグリーンレーズンのカンパーニュ

カモマイルのりんごを思わせる香りに、グリーンレーズンの甘さを合わせたカンパーニュ。サラダやマリネなど、さっぱりとした料理に合います。

材料（丸型発酵カゴ・1個分）

強力粉 … 170g	グリーンレーズン … 100g
ライ麦粉 … 30g	塩 … 4g
カモマイルティーの茶葉（乾燥）… 4g	はちみつ … 3g
	水 … 100〜120g
ポーリッシュ種 … 200g	打ち粉 … 適量
イースト … 1g	

作り方

ミキシング

❶ ボウルに塩、はちみつ、水を入れ、塩が溶けるまで泡立て器でよく混ぜ続ける。

❷ 強力粉、ライ麦粉、カモマイルティーの茶葉、ポーリッシュ種、イーストを加え、木ベラに持ち替えて粉気がなくなるまで混ぜ合わせる。

オートリーズ

❸ 生地がまとまったら、表面が乾かないようにボウルにラップか、ボウル蓋を被せ、室温に30分ほど置いてオートリーズさせる。

生地をこねる

❹ 生地の表面にグリーンレーズンを散らす。手水を用意して手を濡らし、生地の外周の端を引っ張り上げ、折りたたむ。これを2〜3周（20〜30回程度）して、再度ボウルにラップか、ボウル蓋を被せ、室温でそのまま30分ほど生地を休ませる。

一次発酵

❺ 生地に打ち粉をふり、表面を下にして台に取り出す。生地を広げ、左右、上下に1回ずつ折りたたむ。

❻ たたんだ生地をひっくり返して保存容器に入れ、蓋をする。そのまま室温に30分ほど置いて予備発酵させ、冷蔵庫に入れて10〜12時間かけて生地が2倍の大きさになるまで一次発酵させる。

成形

❼ 生地の一次発酵が終わったら、発酵カゴと生地の表面に打ち粉を多めにふる。

❽ 保存容器の側面と生地の間にカードを差し込んで1周して生地をはがし、保存容器ごとひっくり返し、台に生地をやさしく落とす。

❾ 手に打ち粉をふり、生地の下に手を入れ、やさしくひと回りほど生地を広げる。

❿ "生地の端を両手でやさしく引っ張り上げ、中央に折りたたむ"を2周し、上下を返す。

二次発酵

⓫ 手に打ち粉をふり、生地の表面を少々張らせ、準備した発酵カゴに閉じ目を上にして入れる。

⓬ 生地の閉じ目を摘んで閉じ、濡れ布巾をふんわりとかけ、室温で50〜60分二次発酵させる。

→焼くタイミングに合わせ、オーブンを250℃に予熱する。

焼成

⓭ 発酵カゴに20cm四方に切ったオーブン用シート、鍋蓋を順に被せ、発酵カゴごとひっくり返して、生地を取り出す。

⓮ 余分な粉をはらい、クープナイフで好みのクープを入れ、霧吹きで水をやさしく生地全体に2〜3回吹きかける。

⓯ しっかり予熱したオーブンに入れる。220℃に温度を落とし、25〜30分焼いてクーラーに取り出して冷ます。

胡麻と柚子のカンパーニュ

香ばしい胡麻の香りを柚子で和ませました。
トーストも美味しいけれど、ぜひ蒸してみてください。
生地がもっちりして、あんこをのせても美味しいです。

材料（丸型発酵カゴ・1個分）

強力粉 … 170g	柚子ピール … 60g
ライ麦粉 … 30g	塩 … 4g
ポーリッシュ種 … 200g	はちみつ … 3g
イースト … 1g	水 … 100〜120g
黒炒り胡麻 … 30g	打ち粉 … 適量

下準備

・柚子ピールは大きければ1cm角に刻む。

作り方

ミキシング

❶ ボウルに塩、はちみつ、水を入れ、塩が溶けるまで泡立て器でよく混ぜ続ける。

❷ 強力粉、ライ麦粉、ポーリッシュ種、イーストを加え、木ベラに持ち替えて粉気がなくなるまで混ぜ合わせる。

オートリーズ

❸ 生地がまとまったら、表面が乾かないようにボウルにラップか、ボウル蓋を被せ、室温に30分ほど置いてオートリーズさせる。

生地をこねる

❹ 生地の表面に黒炒り胡麻を散らす。手水を用意して手を濡らし、生地の外周の端を引っ張り上げ、折りたたむ。これを2〜3周（20〜30回程度）して、再度ボウルにラップか、ボウル蓋を被せ、室温でそのまま30分ほど生地を休ませる。

一次発酵

❺ 生地に打ち粉をふり、表面を下にして台に取り出す。生地を広げ、左右、上下に1回ずつたたむ。

❻ たたんだ生地をひっくり返して保存容器に入れ、蓋をする。そのまま室温に30分ほど置いて予備発酵させ、冷蔵庫に入れて10〜12時間かけて生地が2倍の大きさになるまで一次発酵させる。

成形

❼ 生地の一次発酵が終わったら、発酵カゴと生地の表面に打ち粉を多めにふる。

❽ 保存容器の側面と生地の間にカードを差し込んで1周して生地をはがし、保存容器ごとひっくり返し、台に生地をやさしく落とす。

❾ 手に打ち粉をふり、生地の下に手を入れ、やさしくひと回りほど生地を広げる。

❿ 広げた生地に柚子ピールを散らし、"生地の端を両手でやさしく引っ張り上げ、中央に折りたたむ"を2周し、ひっくり返す。

二次発酵

⓫ 手に打ち粉をふり、生地の表面を少々張らせ、準備した発酵カゴに閉じ目を上にして入れる。

⓬ 生地の閉じ目をしっかり摘んで閉じ、濡れ布巾をふんわりとかけ、室温でそのまま50〜60分二次発酵させる。

→ 焼くタイミングに合わせ、オーブンを250℃に予熱する。

焼成

⓭ 発酵カゴに20cm四方に切ったオーブン用シート、鍋蓋を順に被せ、発酵カゴごとひっくり返して、生地を取り出す。

⓮ 余分な粉をはらい、クープナイフで好みのクープを入れ、霧吹きで水をやさしく生地全体に2〜3回吹きかける。

⓯ しっかり予熱したオーブンに入れる。220℃に温度を落とし、25〜30分焼いてクーラーに取り出して冷ます。

ドライトマトとハーブの カンパーニュ

清涼感のあるハーブを加えた生地に、
おつまみにはぴったりのドライトマト。
オリーブオイルをつけていただくのも美味。

材料（オーバル型発酵カゴ・1個分）

強力粉 … 200g
ポーリッシュ種 … 200g
イースト … 1g
セミドライトマト … 60g
好みのハーブ（タイム、ローズマリー、オレガノなど）… 15g
塩 … 4g
はちみつ … 3g
水 … 100～120g
打ち粉 … 適量

下準備
・ハーブは枝から葉をしごく。

作り方

ミキシング

❶ ボウルに塩、はちみつ、水を入れ、塩が溶けるまで泡立て器でよく混ぜ続ける。

❷ 強力粉、ポーリッシュ種、イーストを加え、木ベラに持ち替えて粉気がなくなるまで混ぜ合わせる。

オートリーズ

❸ 生地がまとまったら、表面が乾かないようにボウルにラップか、ボウル蓋を被せ、室温に30分ほど置いてオートリーズさせる。

生地をこねる

❹ 生地の表面にハーブを散らす。手水を用意して手を濡らし、生地の外周の端を引っ張り上げ、折りたたむ。これを2～3周（20～30回程度）して、再度ボウルにラップか、ボウル蓋を被せ、室温でそのまま30分ほど生地を休ませる。

一次発酵

❺ 生地に打ち粉をふり、表面を下にして台に取り出す。生地を広げ、左右、上下に1回ずつ折りたたむ。

❻ たたんだ生地をひっくり返して保存容器に入れ、蓋をする。そのまま室温に30分ほど置いて予備発酵させ、冷蔵庫に入れて10～12時間かけて生地が2倍の大きさになるまで一次発酵させる。

成形

❼ 生地の一次発酵が終わったら、発酵カゴと生地の表面に打ち粉を多めにふる。

❽ 保存容器の側面と生地の間にカードを差し込んで1周して生地をはがし、保存容器ごとひっくり返し、台に生地をやさしく落とす。

❾ 手に打ち粉をふり、生地の下に手を入れ、やさしくひと回りほど生地を広げる。

❿ 広げた生地にセミドライトマトの半量を散らし、生地の左右を両手でやさしく引っ張り上げ、中心線に向かって三つ折りし、大きく飛び出してきた気泡を竹串で潰す。残りのセミドライトマトを散らして縦方向に巻き取り、巻き終わりと両端を摘んで閉じる。

二次発酵

⓫ 手に打ち粉をふり、準備した発酵カゴに閉じ目を上にして入れる。

⓬ 生地の閉じ目を摘んで閉じ、濡れ布巾をかけ、室温でそのまま50～60分二次発酵させる。

→ 焼くタイミングに合わせ、オーブンを250℃に予熱する。

焼成

⓭ 発酵カゴに20cm四方のオーブン用シート、鍋蓋を順に被せ、発酵カゴごと返して、生地を取り出す。

⓮ 余分な粉をはらい、好みのクープを入れ、霧吹きで水をやさしく生地全体に2～3回吹きかける。

⓯ しっかり予熱したオーブンに入れる。220℃に温度を落とし、25～30分焼いてクーラーに取り出して冷ます。

チーズとハラペーニョのカンパーニュ

チーズのコクとハラペーニョの辛みが好相性。
溶けて消えないプロセスチーズがいちばんです。
トーストして、こんがり焦げたチーズを楽しんでください。

材料（オーバル型発酵カゴ・1個分）

強力粉 … 170g	ハラペーニョ（酢漬け）… 2～3個
全粒粉 … 30g	塩 … 4g
ポーリッシュ種 … 200g	はちみつ … 3g
イースト … 1g	水 … 90～120g
プロセスチーズ … 120g	打ち粉 … 適量

下準備
・プロセスチーズは1cm角に刻み、ハラペーニョは粗く刻んでおく。

作り方

ミキシング

❶ ボウルに塩、はちみつ、水を入れ、塩が溶けるまで泡立て器でよく混ぜ続ける。

❷ 強力粉、全粒粉、ポーリッシュ種、イーストを加え、木ベラに持ち替えて粉気がなくなるまで混ぜる。

オートリーズ

❸ 生地がまとまったら、表面が乾かないようにボウルにラップか、ボウル蓋を被せ、室温に30分ほど置いてオートリーズさせる。

生地をこねる

❹ 手水を用意して手を濡らし、生地の外周の端を引っ張り上げ、折りたたむ。これを2～3周（20～30回程度）して、再度ボウルにラップか、ボウル蓋を被せ、室温でそのまま30分ほど生地を休ませる。

一次発酵

❺ 生地に打ち粉をふり、表面を下にして台に取り出す。生地を広げ、左右、上下に1回ずつ折りたたむ。

❻ たたんだ生地をひっくり返して保存容器に入れ、蓋をする。そのまま室温に30分ほど置いて予備発酵させ、冷蔵庫に入れて10～12時間かけて生地が2倍の大きさになるまで一次発酵させる。

成形

❼ 生地の一次発酵が終わったら、発酵カゴと生地の表面に打ち粉を多めにふる。

❽ 保存容器の側面と生地の間にカードを差し込んで1周して生地をはがし、保存容器ごとひっくり返し、台に生地をやさしく落とす。

❾ 手に打ち粉をふり、生地の下に手を入れ、やさしくひと回りほど生地を広げる。

❿ 広げた生地にプロセスチーズの半量とハラペーニョの半量を散らし、生地の左右を両手でやさしく引っ張り上げ、中心線に向かって三つ折りし、飛び出てきた気泡を竹串で潰す。残りの具材を散らして縦方向に巻き取り、巻き終わりと両端を摘んで閉じる。

二次発酵

⓫ 手に打ち粉をふり、準備した発酵カゴに閉じ目を上にして入れる。

⓬ 生地の閉じ目をしっかり摘んで閉じ、濡れ布巾をかけ、室温でそのまま50～60分二次発酵させる。

→焼くタイミングに合わせ、オーブンを250℃に予熱する。

焼成

⓭ 発酵カゴに20cm四方に切ったオーブン用シート、鍋蓋を順に被せ、発酵カゴごとひっくり返して、生地を取り出す。

⓮ 余分な粉をはらい、クープナイフで好みのクープを入れ、霧吹きで水をやさしく生地全体に2～3回吹きかける。

⓯ しっかり予熱したオーブンに入れる。220℃に温度を落とし、25～30分焼いてクーラーに取り出して冷ます。

Column_2

まずは焼いてみたい人のために
ストレートで焼く"カンパーニュ"

ストレートで作るカンパーニュの魅力は、とにかく手軽なこと。
思い立ったら、生地をこね、一次発酵も1時間ほどで済みます。
発酵カゴもザルで代用し、まずは一度焼いてみたい方はこのレシピで。
日持ちがしないので、焼いたらできるだけ早めにいただきます。

材料（丸型発酵カゴ・1個分）

強力粉 … 250g
ライ麦粉 … 30g
全粒粉 … 20g
塩 … 4g
はちみつ … 3g
水 … 210〜225g
イースト … 2g
打ち粉 … 適量

作り方

ミキシング

❶ ボウルに塩、はちみつ、水を入れ、塩が溶けるまで泡立て器でよく混ぜ続ける。

❷ 強力粉、ライ麦粉、全粒粉を加え、木ベラに持ち替えて粉気がなくなるまで混ぜ合わせる。

オートリーズ

❸ 生地がまとまったら、イーストをふり A 、表面が乾かないようにボウルにラップか、ボウル蓋を被せ B 、室温に15分ほど置いてオートリーズさせる。

→イーストが少し湿り、あとで生地に混ぜやすくなる。

→②で加えてしまうと、オートリーズを待たずに発酵が始まってしまうため、時間差で混ぜ込むのがコツ。

生地をこねる

❹ 手水を用意して手を濡らし、生地の外周の端を引っ張り上げ、折りたたむ。これを4〜5周（40〜50回程度）する。

一次発酵

❺ 再度、ボウルにラップか、ボウル蓋を被せる。室温でそのまま60〜70分ほど置き、生地が2倍の大きさになるまで一次発酵させる。

成形

❻ 生地の一次発酵が終わったら、発酵カゴと生地の表面に打ち粉を多めにふる。

→もし発酵カゴがない場合は、写真のようにザルにクロスを敷いたもので代用してもよい C 。

❼ ボウルの側面と生地の間にカードを差し込んで1周して生地をはがし、ボウルごとひっくり返し、台に生地をやさしく落とす。

❽ 手に打ち粉をふり、生地の下に手を入れ、やさしくひと回りほど生地を伸ばす。

❾ "生地の端を両手でやさしく引っ張り上げ、中央に折りたたむ"を2周し、ひっくり返す。

二次発酵

❿ 手に打ち粉をふり、生地の表面を少々張らせ、準備した発酵カゴに閉じ目を上にして入れる。

⓫ 生地の閉じ目をしっかり摘んで閉じ、濡れ布巾をふんわりとかけ、室温でそのまま50〜60分二次発酵させる。

→焼くタイミングに合わせ、オーブンを250℃に予熱する。

焼成

⓬ 発酵カゴに20cm四方に切ったオーブン用シート、鍋蓋を順に被せ、発酵カゴとひっくり返して、生地を取り出す。

⓭ 余分な粉をはらい、クープナイフで好みのクープを入れ、霧吹きで水をやさしく生地全体に2〜3回吹きかける。

⓮ しっかり予熱したオーブンに入れる。220℃に温度を落とし、25〜30分焼いてクーラーに取り出して冷ます。

Column_3

色々な粉で焼く"カンパーニュ"

[強力粉]

基準となる材料

材料（丸型発酵カゴ・1個分）

粉（強力粉、準強力粉、または強力粉＋薄力粉）…150g
ライ麦粉…30g
全粒粉…20g
ポーリッシュ種＊…200g
イースト…1g
塩…4g
はちみつ…3g
水…推奨加水量
打ち粉…適量

＊準強力粉の粉を使用する場合は、準強力粉で作ったポーリッシュ種を使用する。

Type：キタノカオリ

推奨加水量140g（粉量に対して80％）

北海道産のキタノカオリは、水の吸水もよく、もっちりしていて、甘く、旨みの強いカンパーニュに焼き上がります。また、ピーク時間が長いので、失敗しにくいのが特徴です。

Type：スーパーカメリア

□ **推奨加水量140g**（粉量に対して80％）

外国産の粉をブレンドした強力粉です。スーパーでも手に入りやすく、安価なので人気があります。味はというと、パンらしいシンプルな風味があり、パンを焼く初心者におすすめの粉です。

Type：ミナミノカオリ

□ **推奨加水量125g**（粉量に対して75％）

九州で生産されている強力粉です。キタノカオリに比べ、甘みはありませんが、パンらしい香ばしさが楽しめます。旨み、香りが高く、すっきりしていて、カンパーニュのようなハード系のパンに向いています。

本来は準強力粉で作るカンパーニュ。
本書では手に入りやすい強力粉で焼くレシピを紹介していますが、
産地、種類の違う粉を使ってみると、また違った美味しさが発見できます。

［準強力粉］

Type：ER

□ 推奨加水量95g（粉量に対して65%）

北海道産の準強力粉がブレンドされています。吸水がよく、もっちりと、こねやすいのが特徴。また、長時間発酵により香ばしさが増して美味しくなるので、本書の手法に適した粉と言えます。

Type：リスドォル

□ 推奨加水量104g（粉量に対して68%）

外国産の準強力粉がブレンドされています。吸水がよく、シンプルな味わいです。長時間発酵させると、本来の美味しさである甘み、旨みを発揮します。安価なのもうれしいポイントです。

［強力粉 + 薄力粉］

Type：国産の強力粉 + 薄力粉（1：1）

□ 推奨加水量110g（粉量に対して70%）

キタノカオリ（強力粉）とドルチェ（薄力粉）を混ぜて焼き上げました。どちらも甘みのある粉なので、相性がよく、甘い香りのカンパーニュになります。

Type：外国産の強力粉 + 薄力粉（1：1）

□ 推奨加水量110g（粉量に対して70%）

外国産のスーパーカメリア（強力粉）とバイオレット（薄力粉）を混ぜて焼いたカンパーニュ。どちらもスーパーで手軽に買える粉です。すっきりした味わいで、サクッと食べやすい焼き上がりになります。

Column_4

クープの入れ方 & アレンジ

クープを入れるのは、オーブン内で伸びる生地が切れたり、
底割れしたりしないためだけでなく、美味しく焼き上げるためにも大切な作業です。
また、オーブン内でクープがきれいに広がることで、そこから水分が抜け、
生地はほどよく膨れてもっちりと、皮はパリッと立ち上がって香ばしく焼き上がります。

/ How to /

[1] アタリ
最初に、入れるクープのラインにアタリをつけておくと、安心です。

[2] 角度・深さ
生地に対して45度で刃を入れます。入れる刃の深さは模様的なものや、たくさん入れる場合は、3mm。シンプルに入れる場合は、しっかり5mm深さに入れます。

[3] 方向
クープの刃は必ず一方向のみに動かします。もし上手に開かなかったら、なぞってもいいですが、必ず同じ方向に。逆方向になぞると、焼き上がったあとにクープがきれいに立ち上がりにくくなります。

[4] 待つ
クープを入れ終わったら、そのまま10〜20秒待ち、クープがしっかり開いたのを確認してオーブンへ。開かないうちにオーブンへ入れてしまうと、オーブン内の熱風で開かずにそのまま生地が乾いてしまう可能性があります。

／**Arrange**／

←······ 3mm深さ　　←───── 5mm深さ

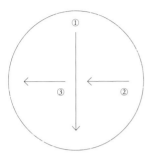

・基本のカンパーニュ
・チョコレートのプティカンパーニュ
・干し柿のカンパーニュ

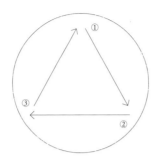

・ターメリックのカンパーニュ

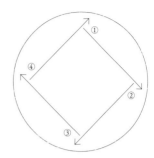

・全粒粉のカンパーニュ
・カモマイルとグリーンレーズンの
　カンパーニュ

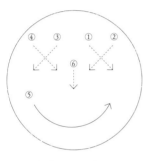

・マルチシリアルのカンパーニュ

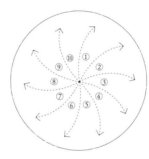

・ライ麦ヨーグルトのカンパーニュ
・胡麻と柚子のカンパーニュ

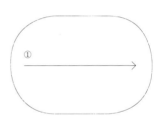

・ライ麦のカンパーニュ
・クランベリーとカルダモンの
　プティカンパーニュ
・栗とベリーのプティカンパーニュ
・桜とうぐいす豆のプティカンパーニュ
・ドライトマトとハーブのカンパーニュ

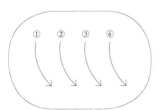

・プレーンのカンパーニュ
・レーズンのカンパーニュ
・チーズとハラペーニョのカンパーニュ

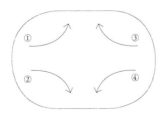

・そば粉のカンパーニュ

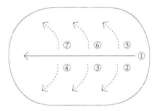

・くるみのカンパーニュ

91

Dishes
カンパーニュと楽しむ料理

カリフラワーの ポタージュ

材料（2人分）
カリフラワー … 150g（約1/2個）
玉ねぎ … 1/4個
スープの素 … 小さじ1/3
バター … 大さじ2〜3
牛乳 … 1/2カップ
塩 … 小さじ1/3
胡椒 … 少々

作り方

❶ カリフラワーは小房に分け、2cm大のざく切りにする。玉ねぎは5mm厚さに切る。

❷ 鍋に①、水1カップ（分量外）、スープの素、バターを入れて蓋をし、中火にかける。沸騰してきたら弱火にし、カリフラワーが煮崩れるまで10分ほど煮る。

❸ 火を止め、ハンディーブレンダーでなめらかに攪拌し、牛乳を加える。弱火にかけて温め、塩と胡椒で味を調える。

MEMO
・スープの素は好みで入れなくてもよい。
・牛乳は豆乳に代えてもよいが、調味をしてから沸騰させると、分離しやすいので気をつける。

ハムとカッテージチーズの サンドイッチ

材料（2人分）
好みのカンパーニュ（8mm厚さ）… 4枚
ハム … 4枚
フリルレタス … 4枚
カッテージチーズ … 50g
オリーブオイル … 小さじ4

作り方

❶ カンパーニュの片面にそれぞれオリーブオイルを回しかけて塗り広げる。

❷ カンパーニュ2枚のオリーブオイルを塗った断面にカッテージチーズ、フリルレタス、ハム、カッテージチーズの順にのせ、残りのカンパーニュで挟む。

MEMO
・ハムはスモークサーモンに、オリーブオイルはバターやマヨネーズに代えてもよい。

フレンチトースト

材料（2人分）
好みのカンパーニュ（1.5cm厚さ）… 2枚
卵 … 1個
牛乳 … 1カップ
砂糖 … 小さじ2
バター … 適量
メイプルシロップ（またははちみつ）… 適量

作り方

❶ ボウルに卵、牛乳、砂糖を入れ、泡立て器でよく混ぜてバットに流し入れる。

❷ ①にカンパーニュを浸し、15分ほどかけて卵液をしっかり吸わせる。途中で返すと、まんべんなく吸う。

❸ フライパンにバターを中火で熱し、②のカンパーニュを入れる。1分半ほど焼き、焼き目がついたら裏返し、両面焼く。皿に取り出し、メイプルシロップをかけていただく。

MEMO
・卵液を早く染み込ませたいときは、フォークで数カ所刺してから卵液に漬けると、かなり早くなるが、崩れやすくなるので、焼くときに注意する。

キウイとアボカドのオープンサンド

材料（2人分）

好みのカンパーニュ(1cm厚さ)…2枚
キウイフルーツ…1個
アボカド(熟しているもの)…1/2個
生ハム…4枚
塩…少々

作り方

1. キウイフルーツは皮をむき、1.5cm角に切る。アボカドは皮をむいて半分に切る。
2. カンパーニュにアボカドを半量ずつのせてフォークで潰しながら塗り広げる。その上にキウイフルーツを散らして生ハムをのせ、塩をふる。

MEMO
- キウイフルーツは、マンゴー（冷凍でも可）など南国系のフルーツに代えてもよい。
- 塩は、生ハムの塩分により加減する。

ミネストローネ

材料（2～3人分）

玉ねぎ…1/4個
セロリ…1/4本
にんじん…1/5本
じゃがいも…1個
キャベツ…3枚
トマト…中1個
にんにく…1/2片
ベーコン…2枚
スープの素…小さじ1/3
白ワイン…大さじ2
オリーブオイル…大さじ1
塩…小さじ1/3
胡椒…少々

作り方

1. 玉ねぎとセロリは3mm厚さに切り、にんじんとじゃがいもは皮をむき、3mm厚さのいちょう切りにする。キャベツは3cm大のざく切り、トマトは1cm角に切る。にんにくは潰し、ベーコンは1cm幅に切る。
2. 鍋に玉ねぎ、セロリ、にんにく、ベーコンを入れ、白ワインとオリーブオイルを回しかける。塩少々（分量外）をふり、蓋をして中火でしんなりするまで蒸らしながら炒める。
3. 残りの野菜、スープの素、水1と1/2カップ（分量外）を加える。沸騰したら、弱火にして根菜類がやわらかくなるまでアクを取りながら10分ほど煮る。
4. キャベツがくったっとなり、葉が色褪せたら、塩、胡椒で味を調える。

MEMO
- スープの素は好みで入れなくてもよい。
- 白ワインは、他の酒でも。ないときは同量の水を加える。
- オリーブオイルを胡麻油に代えると、中華風のスープになる。

ケールとナッツのサラダ

材料（2人分）
ケールの葉（サラダ用）… 120g
玉ねぎ … 1/6個
ヘーゼルナッツ … 20g
ドレッシング
　粒マスタード … 大さじ1
　サラダ油 … 小さじ2
　砂糖 … 小さじ1
　塩 … 少々

作り方

❶ ケールの葉は3〜4cm大にちぎり、玉ねぎは極薄切りにする。ともに氷水に10分ほど浸してパリッとさせて水気をよくきる。

❷ ヘーゼルナッツはフライパンで3〜4分香りよく炒り、粗く刻む。ドレッシングの材料は混ぜておく。

❸ 皿にケールの葉と玉ねぎ、ヘーゼルナッツを盛り、ドレッシングを回しかける。トーストしたカンパーニュを添えても。

MEMO
・粒マスタードはメーカーにより塩分、糖分が違うので、加減しながら加える。

ケイジャンチキンのサンドイッチ

材料（2〜3人分）
好みのカンパーニュ（8mm厚さ）… 6枚
鶏むね肉 … 1枚
ケイジャンスパイス（有塩）… 小さじ2
レタス … 5〜6枚
マヨネーズ … 大さじ2〜3

作り方

❶ 鶏肉はケイジャンスパイスを表面にまぶし、軽くもみ込んで冷蔵庫に15分ほど置いて馴染ませる。

❷ レタスは氷水に10分ほど浸してパリッとさせ、水気をよくきる。

❸ ①を魚焼きグリルの中火で8〜10分焼き、温かいうちに1.5cm厚さにそぎ切りにする。

❹ カンパーニュ3枚の片面にマヨネーズの半量を塗り広げ、レタス、鶏肉、マヨネーズをのせ、残りのカンパーニュで挟む。

MEMO
・マヨネーズはスライスチーズに代えてもよい。
・無塩のケイジャンスパイスを使うときは、小さじ1/3程度の塩を加える。

セビーチェ

材料（2人分）
刺身（真鯛やホタテなど合わせて）… 200g
レモン果汁 … 大さじ1
塩 … 小さじ1/3
玉ねぎ … 1/2個
きゅうり … 1/2本
アボカド … 1/2個
トマト … 中1個
パクチー … 5枝
ドレッシング
　ナンプラー … 小さじ2
　タバスコ（グリーン）… 5〜7滴
　砂糖 … 小さじ1
　サラダ油 … 大さじ1

作り方

❶ ボウルに刺身、レモン果汁、塩を入れて軽く和える。ラップを被せて冷蔵庫に10分ほど置いて馴染ませる。ドレッシングの材料は混ぜておく。

❷ 玉ねぎは極薄切りにし、冷水に10分ほど浸して辛みを抜き、水気をよくきる。きゅうりは縦半分に切り、斜め薄切りにする。アボカドは皮をむき、トマトとともに3〜4cm大に切る。パクチーは葉を摘み、茎は2〜3cm長さに切る。

❸ ①の刺身を冷蔵庫から取り出し、野菜とドレッシングを加えて和え、皿に盛る。

大きな肉団子の白菜スープ

材料（2人分）
肉団子
　豚挽き肉 … 200g
　長ねぎ … 1/2本（みじん切り）
　しょうが … 1/3かけ（みじん切り）
　酒 … 大さじ1
　醤油 … 小さじ1
　白炒り胡麻 … 小さじ2
　片栗粉 … 小さじ2
白菜 … 200g
胡麻油 … 小さじ2
塩 … 小さじ1/4
醤油 … 少々

作り方
❶ 肉団子を作る。ボウルにすべての材料を入れ、粘り気が出るまでよく練り、2等分して丸める。
❷ 鍋に胡麻油を中火で熱し、肉団子を入れて焼き色がつくまで2～3度上下を返しながら表面を焼く。
❸ 1cm幅に切った白菜、水2カップ（分量外）を加えて沸騰したら、弱火にして蓋をする。そのまま10分ほど煮て、肉団子にも火を通す。
❹ 塩と醤油で味を調える。蒸したカンパーニュを添えても。

アサリの白ワイン蒸し

材料（2人分）
アサリ … 300g
にんにく … 1片
白ワイン … 大さじ2
バター … 大さじ2
好みのハーブ（オレガノ、タイムなど）… 適量
塩 … 少々

作り方
❶ アサリは洗わず、塩分3%の塩水（分量外）に浸し、1～2時間置いて砂出しする。流水に当てながら貝同士をこすり洗いし、表面の汚れを落として水気をきる。にんにくは潰す。
❷ 鍋にすべての材料を入れ、蓋をして4～5分中火にかける。途中でかき混ぜ、アサリの口が開いたら皿に盛る。グリルしたカンパーニュを添えても。

MEMO
・アサリは長く火にかけると、身が縮んでかたくなるので、あまり長くかけないようにする。
・バターはオリーブオイルに代えてもよい。
・ハーブはフレッシュのものがなければ、ドライでも。好みで胡椒や赤唐辛子を加えても美味しい。

ムラヨシマサユキ

菓子・パン研究家。製菓学校卒業後、パティスリー、カフェ、レストランなどの勤務を経て、2009年からお菓子とパンの教室をスタートさせる。「家で作るからおいしい」をコンセプトに、日々の暮らしの中にある"おいしい"を、繰り返し作れるシンプルなレシピで提案する。雑誌、書籍、テレビ、料理教室の講師、メニュー開発など多方面で活躍中。『ムラヨシマサユキのお菓子―くりかえし作りたい定番レシピ』(西東社)、『家庭のオーブンで作る 食パン』(成美堂出版)、『CHOCOLATE BAKE―板チョコで作れるクッキー、マフィン、ケーキ』『CHEESE BAKE―混ぜるだけで作れるケーキ、マフィン、クッキー』(ともに主婦と生活社)など多数。

photograph　南雲保夫
styling　中里真理子
design　髙橋朱里、菅谷真理子(マルサンカク)
cooking assistant　鈴木萌夏
editing　小池洋子(グラフィック社)

冷蔵庫仕込みでじっくり発酵。
カンパーニュ

2018年11月25日　初版第1刷発行
2023年10月25日　初版第5刷発行

著者　ムラヨシマサユキ
発行者　長瀬聡
発行所　株式会社グラフィック社
〒102-0073
東京都千代田区九段北1-14-17
tel.03-3263-4318(代表)
03-3263-4579(編集)
郵便振替　00130-6-114345
http://www.graphicsha.co.jp
印刷・製本　図書印刷株式会社

定価はカバーに表示してあります。乱丁・落丁本は、小社業務部宛にお送りください。小社送料負担にてお取り替え致します。著作権法上、本書掲載の写真・図・文の無断転載・借用・複製は禁じられています。本書のコピー、スキャン、デジタル化等の無断複製は著作権法上の例外を除き禁じられています。本書を代行業者等の第三者に依頼してスキャンやデジタル化することは、たとえ個人や家庭内での利用であっても著作権法上認められておりません。
ISBN978-4-7661-3219-9　Printed in Japan